GW01605467

www.loqueleo.com/es

Título original: WILLI UND DIE ANGST

2017, Santillana Infantil y Juvenil, S. L.
Avenida de los Artesanos, 6. 28760 Tres Cantos (Madrid)
Teléfono: 91 744 90 60

ISBN: 978-84-9122-092-3
Depósito legal: M-37.522-2015
Printed in Spain - Impreso en España

Segunda edición: marzo de 2017
Más de 11 ediciones publicadas en Santillana

Directora de la colección:
Maite Malagón
Editora ejecutiva:
Yolanda Caja
Dirección de arte:
José Crespo y Rosa Marín
Proyecto gráfico:
Marisol del Burgo, Rubén Chumillas, Julia Ortega y Álvaro Recuenco

Guillermo y el miedo

Christine Nöstlinger

Ilustraciones de la autora

Había una vez un niño llamado Guillermo, que tenía dos grandes problemas.

El primer problema era que cada noche le entraba miedo.

En cuanto llegaba la noche, negra como un cuervo, le entraba un miedo terrible. Entonces su corazón latía muy rápido, se le hacía un nudo en la garganta, y sus manos y rodillas comenzaban a temblar.

De repente le entraba en la barriga un gran frío, como si se hubiera tragado cien cubitos de hielo.

¿De qué tenía tanto miedo Guillermo por la noche? Ni él mismo lo sabía. Cuando el terrible miedo le asaltaba, no podía pensar en ello.

La verdad es que no podía pensar con claridad en nada.

Él solo sentía que en algún lugar de la oscuridad algo andaba al acecho, y ese algo era terriblemente malo y malvado… y quería hacerle daño.

El segundo problema del pequeño Guillermo era que mentía a su mamá y a su papá: se hacía pasar por un Guillermo que nunca tenía miedo y que no se asustaba de nada.

¡Ni siquiera de la noche negra como un cuervo! Porque Guillermo creía que solo los bebés tienen miedo. ¡Con seis años y siendo además un chico, si uno tiene miedo, todos creen que es tonto y se ríen de él! Guillermo no quería que le tomaran por tonto.

Y no quería que se rieran de él. Pero a Guillermo no le resultaba fácil ocultar su miedo. Le costaba un gran esfuerzo.

—Guillermo, el supermercado va a cerrar —le dijo su mamá cuando ya era de noche—. Cariño, baja a por seis huevos, cuatro bollos de pan y un litro de leche.

¡Pero fuera estaba muy oscuro!

¡Y para ir al supermercado tendría que pasar al lado del parque...!

No es que estuviera totalmente oscuro: había farolas a lo largo del muro del parque.

Pero las farolas empeoraban las cosas.

Porque los castaños, las lilas y los rosales adquirían un aspecto aterrador bajo la débil luz de las farolas.

Resultaban totalmente distintos a como eran bajo la luz del sol. Y la torre para trepar y el tobogán parecían gigantescos y abominables monstruos.

Una vez, Guillermo había intentado pasar al lado del parque, de noche, para ir al supermercado.

Pero solo pudo andar un par de metros.

De repente, escuchó un extraño ruido.

«Seguro que es solo el viento soplando entre los árboles, o a lo mejor un mirlo que duerme y silba en sueños», se dijo Guillermo, intentando convencerse a sí mismo. Pero eso no le ayudó y no pudo dar ni un paso más.

Se dio la vuelta y corrió hacia su casa más rápido que una liebre.

Las dos monedas con las que tenía que haber comprado harina y cebollas en el supermercado se le habían resbalado entre los dedos y habían rodado bajo un banco.

Cuando Guillermo volvió a casa, se prometió no volver a pasar de noche al lado del parque.

Pero como Guillermo no quería contarle a su madre lo del miedo al parque y lo de su promesa, le dijo:

—¿Por qué tengo que ir yo al supermercado? ¡No soy tu criado!

—Guillermo, ¿por qué tienes tan malos modales? —le preguntó su madre, mirándole con tristeza.

Lo mismo ocurrió, por ejemplo, cuando su padre quiso pegar las patas de la mesa de la cocina, que se movían:

—Guillermo, cariño, tráeme del sótano la espátula y el bote de cola de carpintero —le pidió.

Guillermo le habría traído encantado a su padre la espátula y la cola de carpintero. Pero le daba muchísimo miedo bajar al sótano. Allí no se podía ver nada, ni siquiera cuando el sol brillaba fuera.

Incluso si la luz estaba encendida, había en el sótano esquinas y rincones que quedaban sombríos y tenebrosos.

A Guillermo le era imposible bajar la escalera del sótano.

En cuanto ponía la mano en el pomo de la puerta, le palpitaba el corazón, le temblaban las manos y las rodillas, sentía otra vez un nudo en la garganta y le empezaba a doler el estómago.

Pero como Guillermo no quería decirle a su padre nada del miedo que sentía, tomó la llave del sótano, bajó y se dirigió hasta la escalera, y se quedó allí parado un rato.

Después regresó, y le dijo a su padre:

—El maldito cerrojo de la puerta del sótano no funciona. No puedo abrirla.

El padre sacudió la cabeza, y le preguntó suspirando:

—Guillermo, ¿por qué eres tan torpe?

Sus padres también creían que Guillermo era bastante desordenado.

—Guillermo, ¿por qué eres un niño tan desordenado? —le decían todos los días—. No puedes poner todos tus trastos debajo de la cama. Tienes que ordenarlos.

En realidad, Guillermo era un niño muy ordenado.

Lo que pasaba es que tenía miedo de que algo pudiera esconderse bajo la cama, salir de noche y lanzarse sobre él. Si tapaba con todos sus juguetes y trastos el hueco de debajo de la cama, ya no tenía por qué tener miedo. Así se sentía un poco más seguro.

Y tampoco era un despilfarrador, como decía siempre su padre. Por la noche, cuando Guillermo estaba en la cama, entraba su padre en la habitación, y le decía:

—Guillermo, tienes todas las luces encendidas. Vaya derroche de energía. Cuando uno está en la cama, es suficiente con la luz de la mesilla.

—¡Me da igual ahorrar energía! —soltaba entonces Guillermo, muy descarado.

Y solamente porque no quería decirle a su padre que si las luces de la habitación estaban encendidas, no había ninguna sombra horripilante y sentía menos miedo.

—¡Guillermo, pero qué respondón eres! —le reprochaba entonces su padre, enfadado, antes de salir de la habitación sin dar a Guillermo un beso de buenas noches.

Otra cosa difícil por la noche era lo del váter.

El pasillo de la casa de Guillermo era muy estrecho y largo. Desde la puerta del baño hasta su habitación había al menos seis metros.

«Tengo que hacer ahora todo el pipí», pensaba. «Porque no puedo despertarme en medio de la noche para ir al cuarto de baño».

Habría sido horrible para Guillermo levantarse de la cama en medio de la noche e ir al baño a través del largo pasillo.

Solo de pensarlo se le ponía la carne de gallina de los pies a la cabeza.

A veces, cuando Guillermo se quedaba mucho tiempo sentado en el váter por la noche, su padre apagaba la luz del pasillo.

Entonces Guillermo, sentado sobre la taza, miraba a la oscuridad y tardaba un montón de tiempo hasta que se decidía y salía corriendo por el pasillo, hacia su habitación.

Cuando ya había cerrado la puerta tras de sí, se sentía totalmente agotado.

Además, cuando estaba solo, nunca tiraba de la cadena.

Esta metía mucho ruido, y el ruido habría atraído a todos aquellos monstruos de los que tanto miedo tenía Guillermo.

Si este solo había hecho pis, no era tan grave. Pero a veces, por miedo, la tripita se le aflojaba y también hacía caca.

—Guillermo, ¿por qué no has tirado de la cadena? ¡Eres un cochino! —le reprochaba después su madre, al ver el retrete todo sucio.

—Papá y yo vamos a salir esta tarde —dijo mamá, una semana después de que Guillermo cumpliera seis años—. Ahora ya eres mayor para quedarte solo en casa un ratito.

—¡No! —gritó Guillermo, lleno de espanto.

Él no podía quedarse solo en casa. Se lo imaginó, y comenzó a palpitarle el corazón.

—Solamente vamos a estar fuera una hora —le dijo su padre—. No tengas miedo, la vecina está cerquita y está avisada.

—¡Yo... miedo! —gritó Guillermo—. ¿Es que crees que soy un bebé?

—Entonces, ¿por qué no quieres que salgamos? —preguntó la madre.

—¡Porque no me da la gana! ¡Y ya está! —dijo Guillermo, pataleando.

Como sus padres le miraban asombrados, Guillermo gritó:

—¡Seguro que vais a ir a comer una pizza! ¡No os gastéis el dinero en tonterías y compradme una bicicleta!

—Guillermo, eres un descarado —dijo su madre.

—Sí, eres el niño más descarado del mundo —repitió su padre.

Y después, no le dijeron a Guillermo ni una sola palabra más.

Guillermo sabía que sus padres estaban muy enfadados con él. Pero aquello le parecía bien, porque pensaba que, si estaban enfadados, seguro que ya no les quedarían ganas de comer pizza.

Pero Guillermo se equivocaba. A las ocho en punto, cuando estaba sentado en el váter, su padre y su madre se pusieron los abrigos y los gorros.

—A las nueve estamos otra vez aquí —dijo su madre, a través de la puerta abierta del cuarto de baño.

—Y a esa hora ya tienes que estar en la cama —dijo su padre, desde el pasillo. Y después, le dijeron adiós, y la puerta de la calle se cerró tras ellos. Guillermo no se lo podía creer.

«Solo me están castigando. En cuanto lleguen a la escalera, se darán la vuelta y volverán», pensó. «En cuanto hayan bajado las escaleras», se dijo poco después, «se darán la vuelta y volverán». «En cuanto lleguen a la puerta de la calle, se darán la vuelta y volverán», siguió pensando.

«Cuando lleguen al coche, se lo pensarán mejor, darán la vuelta y volverán». Pero para entonces había pasado ya tanto tiempo que Guillermo empezó a darse cuenta de que papá y mamá no iban a regresar, se habían subido al coche y se habían marchado.

Incluso dos viejos caracoles ya habrían vuelto hacía tiempo del aparcamiento. En el momento en que Guillermo lo comprendió, su corazón empezó a palpitar y sintió un nudo en la garganta.

Le temblaban las manos y las rodillas.

Y le empezó a doler el estómago.

Guillermo intentó pensar qué podía hacer. Pero cuando tenía tanto miedo no podía pensar en nada.

Solo se le ocurrió una cosa: meterse en el cuarto de baño, cerrar la puerta y echar el pestillo.

«Así estoy seguro. Nada ni nadie puede entrar aquí dentro».

Guillermo contuvo la respiración, se levantó de la taza del váter, y dio dos pasos hasta la puerta, con los pantalones bajados y las rodillas flojas. Agarró con dedos temblorosos el pomo, lo cerró y echó el pestillo.

Después respiró aliviado, se subió los pantalones, cerró la tapa del váter y se sentó encima.

El corazón le dejó de palpitar, y el temblor de manos y rodillas desapareció, y también el nudo en la garganta y el dolor de tripa.

Porque Guillermo sentía que ahora tenía todo bajo control.

La luz estaba encendida; no había ni una sombra en ninguna parte, ni un rincón oscuro donde pudiera acechar el peligro.

La puerta estaba cerrada a cal y canto.

Ni siquiera con una llave se podría abrir desde fuera.

Guillermo no se sentía nada mal en su seguro refugio.

Pero empezaba a dolerle el culo de estar quieto y sentado sobre la dura tapa del váter.

Y cada vez tenía más sueño.

Por nada del mundo habría salido Guillermo del baño.

Porque incluso tener sueño y estar sentado en el váter es más soportable que tener miedo.

Eso sí, a Guillermo le hubiera gustado muchísimo saber cuánto tiempo iban a tardar sus padres en volver a casa.

«Iban a estar fuera una hora», pensó Guillermo.

«¿Y cuánto dura una hora?», se preguntó.

«Una hora tiene sesenta minutos», recordó.

Y luego se acordó también de que mamá había dicho una vez que si se cuenta de 1 hasta 60, ha pasado un minuto.

Guillermo sabía ya contar de 1 hasta 60.

Por lo que pensó que si contaba 60 veces de 1 hasta 60, la puerta de la calle se abriría, y papá y mamá estarían de vuelta.

Guillermo empezó a contar.

«1, 2, 3, 4, 5, 6, 7...».

Cuando llegó a 60, arrancó un trozo de papel higiénico y empezó a contar de nuevo desde el principio.

Y cuando volvió a contar 60, arrancó otro trozo de papel.

Guillermo necesitaba los trozos para ir contando los minutos.

«Cuando tenga 60 trozos de papel en la mano», pensó Guillermo, «habrá pasado una hora, y entonces la puerta de la

calle se abrirá, y papá y mamá estarán de vuelta en casa».

Pero Guillermo no llegó tan lejos.

Le costaba estar despierto y, con el eterno «1, 2, 3, 4, 5, 6…», le entró aún más sueño.

Tenía 22 trozos de papel higiénico en la mano, y ya había contado 17, cuando la cabeza se le cayó sobre las rodillas y se quedó dormido.

La voz de su madre le despertó:

—¡Qué silencioso está todo! Hubiera apostado que nuestro Guillermo andaría aún en el salón viendo la televisión —dijo ella.

—Y eso, ¿por qué? —dijo su padre—. Yo le dije que a las nueve volveríamos y que a esa hora tenía que estar en la cama.

La madre se rio.

—¿Y cómo va a saber cuándo son las nueve? Aún no conoce bien las horas del reloj.

—Pues hoy a las tres, dijo que eran las tres —añadió el padre.

—Lo que hizo fue contar las campanadas del reloj de la iglesia —dijo su madre.

Guillermo saltó del váter, corrió el pestillo y gritó, abriendo la puerta:

—¡Claro que sé cuándo son las nueve!

Levantó el brazo izquierdo hacia arriba y estiró el derecho hacia un lado.

—¡Si las manecillas del reloj están así, son las nueve! —dijo Guillermo.

En vez de alegrarse de que su hijo supiera decir las horas del reloj, sus padres le gritaron espantados:

—¿Pero qué has hecho con el papel higiénico?

—Estaba así cuando me metí en el baño —mintió Guillermo—. Tal vez fue el viento.

No se le ocurrió ninguna otra explicación mejor, a pesar de que ya sabía que el viento no sopla en un cuarto de baño sin ventana.

Su madre miró a su padre, su padre miró a su madre, y después los dos alzaron los hombros con un profundo suspiro, como diciendo: «Dejémoslo, es tarde para discutir».

El padre levantó a Guillermo y lo tomó en brazos.

—Ahora, a la cama —le susurró al oído—. Los Guillermos pequeños como tú a esta hora deben estar ya dormidos hace rato.

El padre fue hasta la cama con Guillermo en sus brazos.

Le dejó caer sobre el colchón, y le tapó. Después le dio tres besos de buenas noches.

Uno en la punta de la nariz, otro en la mejilla derecha y el último en la mejilla izquierda.

Después apagó la luz de la lámpara de la mesilla y también la del techo.

—Que tengas felices sueños —dijo, mientras salía de la habitación y cerraba la puerta.

Pero Guillermo no podía dormirse y tener felices sueños, pues le quedaban un montón de cosas importantes en las que pensar.

«Si mamá y papá empiezan a salir a menudo, no puedo quedarme sentado siempre en la taza del váter y esperar hasta que vuelvan».

«Primero, porque se me pone el culo frío, y segundo, porque estar en el baño es muy aburrido, no se puede jugar a gusto a nada. Y tercero, porque papá y mamá se extrañarían si cada vez que vuelven a casa yo salgo del mismo sitio».

Y así, Guillermo decidió lo siguiente: «Debo hacer que mi habitación sea tan segura como el cuarto de baño».

Era ya medianoche cuando Guillermo terminó de pensar y de planear exactamente lo que tenía que hacer para estar a salvo en su habitación.

«Tengo que aprender a poner clavos», pensó mientras bostezaba. «Mañana lo probaré», murmuró antes de quedarse dormido.

Al día siguiente, Guillermo bajó en busca del portero de la casa.

—Por favor, enséñeme a poner clavos —le dijo.

—Pero tus dedos son aún muy pequeños —dijo el portero—. Te resultará muy difícil.

—Pero es que tengo que aprender urgentemente —dijo Guillermo.

—Bueno, entonces lo intentaremos —contestó el portero.

Este tomó una gruesa tabla, un montón de clavos y un martillo, y le enseñó a Guillermo cómo se sujetaba un clavo, cómo se agarraba el martillo y cómo había que golpear.

Guillermo dobló muchos clavos con sus golpes, y el martillo alcanzó su dedo pulgar más de una vez.

Pero no se rindió.

Probó hasta que el portero le dijo:

—Guillermo, ahora ya has pillado el truco. Pones clavos muy bien.

Guillermo se fue a casa con el martillo y los clavos.

Llevaba estos en los bolsillos del pantalón y el martillo debajo del jersey, para que así no lo viera su madre.

—Hace un día estupendo —le dijo esta—. ¿No quieres ir a jugar al parque?

—Tengo cosas que hacer —contestó Guillermo, dirigiéndose hacia su habitación.

—Nuestra casa tiene las paredes demasiado finas —le dijo su madre a su padre durante la cena.

—¿Y eso? —preguntó su padre.

—Hoy, al mediodía —dijo su madre—, alguien ha estado golpeando con el martillo en alguna parte del edificio un montón de tiempo. Se podía oír con toda claridad en la cocina, como si alguien estuviera golpeando con el martillo dentro de nuestra casa.

Ni siquiera se le pasó por la cabeza que Guillermo pudiera haber estado golpeando con el martillo.

Y Guillermo no tenía ninguna intención de decirle a su madre quién lo había hecho.

«Mamá no está hablando conmigo, sino con papá», pensó. «Y ella siempre me dice que no tengo que meterme en sus conversaciones con tonterías». Pero su madre averiguó por sí misma quién había estado dando golpes con el martillo.

Al ir a la habitación de Guillermo para ver si este había ordenado sus juguetes, vio el montón de clavos puestos.

En el marco de la puerta había dos muy grandes.

Al lado del marco de la puerta, en la pared, había también un clavo gigantesco, del que colgaba la vieja cuerda de escalar de papá.

También había clavos puestos en las patas de la cama. Al menos, seis en cada pata.

Y delante de la cama estaba el rollo de alambre roñoso para poner cercas, que había estado durante meses en el patio.

Sobre la cama estaba el viejo saco de dormir que solían utilizar cuando se iban de vacaciones con la tienda de campaña.

Pero su madre descubrió aún más cosas: cinco linternas sobre la mesilla, doce grandes botellas vacías sobre la repisa de la ventana y, debajo, en la estantería, una enorme cazuela con la tapadera encima.

Su madre se quedo allí parada, mirando perpleja los clavos de la puerta y de la cama, las botellas y las linternas, el rollo de alambre y el saco de dormir, la cuerda y la cazuela.

—Así es como me gusta —dijo Guillermo—. A mí me parece que está bonito.

—¿Bonito? —gritó su madre—. ¿Es que se te ha aflojado un tornillo de la cabeza?

—¿A quién se le ha aflojado un tornillo? —preguntó su padre.

Se acercó a la puerta, miró dentro de la habitación, y añadió:

—Sí, a alguien se le ha aflojado un tornillo.

—Puedo decorar mi habitación como yo quiera, ¿no? —preguntó Guillermo.

—Unas botellas viejas y un rollo de alambre no son muy decorativos —dijo su padre.

—Cuando quitemos los clavos, van a quedar unos agujeros horribles —se quejó su madre.

—Los clavos se quedan ahí —pidió Guillermo—, los necesito.

—¿Para qué? —preguntó su padre.

Guillermo se ahorró la respuesta. Acababa de sonar el timbre de la puerta.

—Viene la abuela, y trae manzanas del huerto —dijo la madre—. Tenemos que ayudarla a subirlas.

Sus padres corrieron hacia la entrada.

—Ahora bajamos —oyó Guillermo que su padre decía por el telefonillo. Después, unos pasos en la escalera.

«En cuanto papá esté aquí otra vez, va a volver a preguntarme lo mismo», pensó Guillermo. «Tengo que pensar para qué otras cosas pueden servir los clavos».

Antes de que a Guillermo se le hubiera ocurrido algo, su padre, su madre y su abuela ya estaban en casa.

Sus padres pusieron los cestos de las manzanas en la cocina, y después fueron con la abuela a la habitación de Guillermo. La abuela echó un vistazo, y preguntó:

—¿A quién se le ha aflojado un tornillo? Guillermo ha dejado genial su habitación. La cuerda va desde el clavo al pomo de la puerta, y así no se puede abrir desde fuera ni con llave —dijo la abuela—. Y las linternas están bien para cuando hay un

corte de corriente y se va la luz. La cazuela está claro que es por si no se puede ir al váter. Y si se está dentro de un saco de dormir, ningún horrible monstruo puede meterse dentro.

Guillermo cabe entero dentro del saco. Si se cierra la cremallera, ya no se le puede ver. Si un monstruo quiere entrar por la ventana, las botellas se caerán haciendo

un ruido infernal, y entonces el monstruo se asustará y saldrá corriendo. Y la tela de alambre roñosa —siguió diciendo la abuela— va sobre los clavos de las patas de la cama, a lo largo de la cabecera, de los pies

y de los lados. Si Guillermo pone la tela de alambre en la cama antes de irse a dormir, durante la noche no puede salir de debajo nada que pueda asustarlo.

Después de que la abuela les hubiera explicado todo a sus padres, levantó a Guillermo en brazos, le dio un beso, y dijo:

—Guillermo, has conseguido que tu habitación sea un sitio superseguro —y

añadió, dándole otro beso—: ¡Y qué maravilla que sepas poner clavos! Casi ningún niño de tu edad puede hacer eso.

Guillermo apretó su carita contra los hombros de su abuela. No quería mirar a sus padres.

—¡Guillermo, ay, Guillermo! —dijeron estos—. ¿Por qué no nos has dicho que tenías tanto miedo?

—¡Ay, Guillermo! —dijo su madre—. Me lo tenías que haber contado. Cuando yo era niña, también pasaba mucho miedo.

—Y yo, ¿qué te crees? —añadió su padre—. Yo no dormía de miedo.

Ahora Guillermo volvía a atreverse a mirar a sus padres.

—¿De verdad? —les preguntó.

—¡De verdad! —contestaron ellos.

—¡Pero si todos los niños tienen miedo! —añadió su abuela—. Tienen miedo de la oscuridad, o de los perros grandes o de las arañas gordas, o de los fantasmas, o de los niños malvados, o de meterse donde cubre el agua. Cuando yo era pequeña, tenía un miedo terrible a los puentes. No me atrevía a pasar por encima de ninguno. Me tenían que llevar siempre en brazos.

—A mí me pasaba con los perros —dijo su madre—. No importaba lo pequeño que fuera el chucho, yo siempre tenía miedo.

—A mí me daba miedo todo eso junto —dijo su padre—. La oscuridad y los perros, meterme donde me cubría el agua, las arañas, los fantasmas y los niños malvados. Todo, menos los puentes. Los puentes no me daban ningún miedo.

La madre, el padre, la abuela y Guillermo fueron a la sala. Se sentaron en el sofá y empezaron a pensar qué se podía hacer para acabar con el miedo de Guillermo.

—El miedo no desaparece como por arte de magia, de la noche a la mañana —dijo su padre—. Necesita su tiempo.

—Pero podemos ponérselo un poco más difícil al miedo para que no asuste tanto a Guillermo —añadió su madre.

—¿Cómo? —preguntó Guillermo.

—¿Qué tal si dejamos la luz del pasillo encendida por la noche? —dijo su padre—. Y también dejaremos encendida la luz de la mesilla.

—¡Yupiiiiiiii! —gritó Guillermo.

—¿Y qué tal si ponemos una reja en tu ventana?

—¡Qué guay! —exclamó el pequeño.

Pero sus padres hicieron aún más cosas. El padre le construyó una cama nueva.

Una cama sin patas, con un cajón debajo, hasta el suelo.

La madre hizo un agujero en la pared, justo detrás de la cama de Guillermo. Al otro lado, estaba la cama de mamá y papá.

A través del agujero, pasó una cuerdecita.

Del lado de la cama de Guillermo, el extremo de la cuerda tenía una borla.

Del lado de la cama de papá y mamá, el otro extremo tenía una campanita.

Ahora Guillermo podía agarrar la borla si le entraba miedo por la noche, y tirar de la cuerdecita. Entonces la campana sonaba, su madre y su padre se despertaban, le sacaban de la cama y le llevaban a la suya. Allí Guillermo podía dormirse de nuevo y tener felices sueños, acurrucado entre ellos.

Su padre ya no le mandaba nunca al sótano a por la espátula y la cola de carpintero.

Ahora siempre bajaban juntos.

Si su padre le agarraba de la mano, Guillermo ya no tenía ningún miedo de estar allí.

Y si su madre necesitaba, ya tarde, algo del supermercado, le decía:

—Venga, Guillermo, nos vamos corriendo al supermercado. He olvidado comprar huevos, azúcar y leche.

De la mano de su madre, a Guillermo el parque ya no le parecía tan espantoso. Incluso hasta le gustaba.

Y siempre que sus padres querían salir por la noche para ir a comer una pizza o ir al cine a ver una película, llamaban antes a la abuela.

Esta venía entonces y se quedaba con Guillermo hasta que su madre y su padre regresaban.

La abuela jugaba con él al parchís, a las adivinanzas y a las cartas, y ella siempre perdía.

Guillermo se ponía ahora muy contento cada vez que sus padres querían salir.

—¿Qué os pasa? ¿Es que no tenéis ganas de comer una pizza o de ir al cine? —preguntaba impaciente, si durante una semana no habían salido.

Y así Guillermo empezó a vivir muy bien con el miedo.

Y poquito a poco se fue dando cuenta también de que el miedo se iba haciendo cada vez más pequeño.

Porque, cuatro semanas después, dejó de utilizar la campanita.

Ya podía saltar él solo de su cama e ir hasta la de sus padres, y acurrucarse allí para no tener miedo.

Christine Nöstlinger

Autora

Nació en Viena y estudió en la Academia de Bellas Artes de su ciudad natal. Empezó a colaborar en periódicos y en la radio en temas de educación, y así entró en contacto con autores de libros infantiles, que la animaron a escribir. Sus libros tratan sobre las relaciones familiares, la escuela y la educación, los jóvenes, la marginación y la intolerancia y la liberación de la mujer. Destaca por sus cualidades literarias y su papel innovador en la tendencia realista de la literatura infantil, que en sus manos se convierte en realismo crítico, con influencias claras de Thomas Mann.

En 1984, le fue concedido el Premio Andersen por el conjunto de su obra.

Aquí acaba este libro
escrito, ilustrado, diseñado, editado, impreso
por personas que aman los libros.
Aquí acaba este libro que tú has leído,
el libro que ya eres.